Pintar con ceras

Ray Gibson

Diseño: Amanda Barlow
Redacción: Jenny Tyler
Ilustraciones: Amanda Barlow
y Michaela Kennard
Fotografía: Howard Allman
Traducción: Isabel Sánchez Gallego

Sumario

Pajaritos regordetes

1. Dibuja un cuerpo redondeado.

2. Coloréalo por dentro y ponle el pico.

3. Dibuja un ojo cer del pico, y un ala.

Esta mamá le está dando de comer un gusano al pequeñín.

4. Al final dibuja la
cola y las patitas.

Este pájaro
tiene las
plumas de
la cabeza
de punta.

Para
dibujar un
pájaro
volando
haz las alas
hacia
arriba.

3

Arañas en la oscuridad

1. Haz un cuerpo redondeado.

2. Dibuja unos ojos grandes.

3. Colorea el cuerpo por dentro.

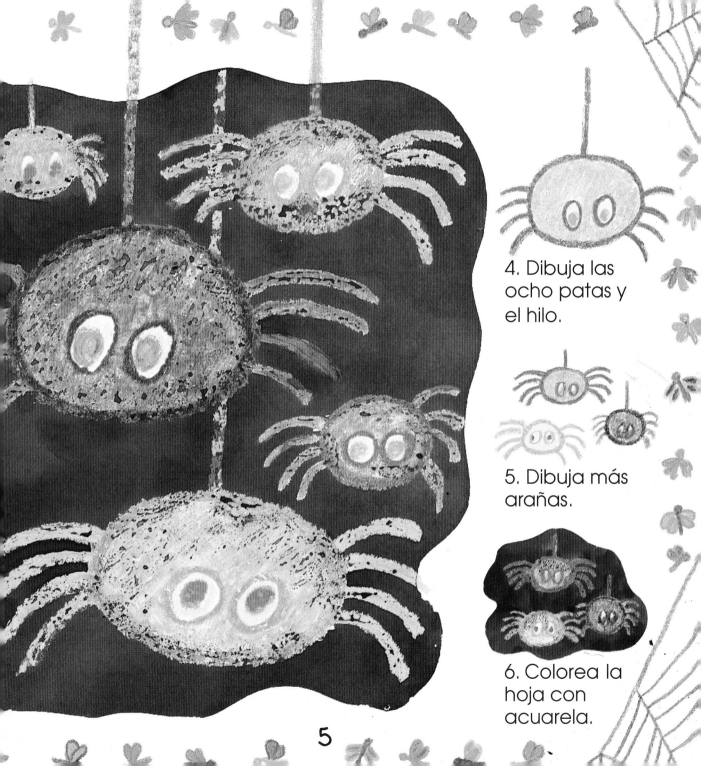

4. Dibuja las ocho patas y el hilo.

5. Dibuja más arañas.

6. Colorea la hoja con acuarela.

5

Una grúa grande

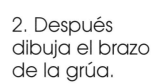

1. Dibuja la cabina. Deja un hueco para la ventana.

2. Después dibuja el brazo de la grúa.

3. Dibuja el cable.

Puedes decorarla con bandas de otro color.

4. Con otra
cera dibuja las
ruedas.

5. Dibuja la
carga que está
levantando la
grúa.

Pon algunas
personas en
el dibujo.

Esta grúa
está
levantando
un coche.

Una tarjeta con un pato

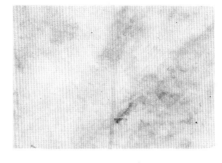

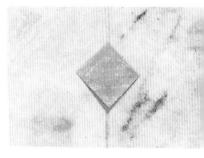

1. Recorta una esquina de un sobre y coloréala por dentro y por un lado.

2. Dobla una hoja de papel por la mitad para hacer la tarjeta. Desdóblala.

3. Pega la esquina de sobre, por el lado qu no está pintada, en e centro de la hoja. Esto será el pico.

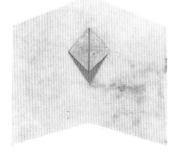

4. Levanta con el dedo la parte de arriba del pico. Cierra la tarjeta y aplástala bien.

5. Vuelve a abrirla. Dibuja la cabeza del pato alrededor del pico y ponle ojos.

6. Colorea la cabeza por dentro y después haz hojas y flores alrededor del pato.

Flores

1. Recorta un círculo
en una tarjeta usada.

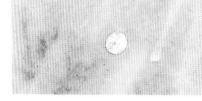

2. Pégalo en una hoja
de papel.

3. Recorta pétalos y
pégalos alrededor
del círculo.

4. Sujeta otra hoja de papel encima.

5. Frota una cera por encima de la flor recortada.

También puedes ponerles hojas.

6. Haz más flores de otros colores.

Fuegos artificiales

1. Dibuja un gran
fuego de artificio
apretando fuerte.

2. Haz un montón
de chispas y de
garabatos.

3. Colorea toda la
hoja con témpera
o acuarela.

Una jirafa muy alta

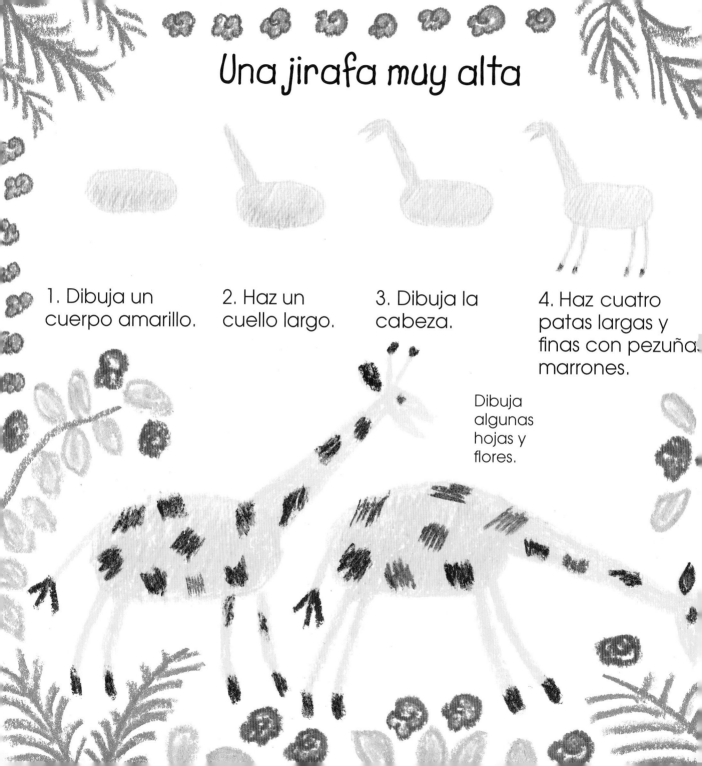

1. Dibuja un cuerpo amarillo.

2. Haz un cuello largo.

3. Dibuja la cabeza.

4. Haz cuatro patas largas y finas con pezuña. marrones.

Dibuja algunas hojas y flores.

5. Ponle una oreja y dos cuernos pequeños.

6. Al final haz el ojo, la cola y las manchas.

Serpientes ondulantes

1. Colorea con ceras una hoja de papel fino pero fuerte.

Puedes colocar unas serpientes por encima de otras.

2. Corta el papel en tiras, unas más finas y otras más anchas.

3. Recorta una punta alargada para la co y una más corta par la cabeza.

Pon un poco de egamento debajo de cabeza y de la cola.

5. Dóblala y pégala a una hoja de papel.

6. Haz los ojos con dos mitades de un círculo recortado y pégalos encima.

En el fondo del mar

1. Dobla una hoja de papel fino pero fuerte.

2. Desdóblala. Colorea una mitad con ceras de distintos colores.

3. Dobla la hoja. Con lápiz duro, dibuja un p grande con manchas

Dibuja
una
estrella
de mar.

Haz un montón
de peces.

. Desdobla la hoja.
Recorta el pez y
pégalo en un papel.

Colorea el
ondo como si
uera el mar.

Adornos

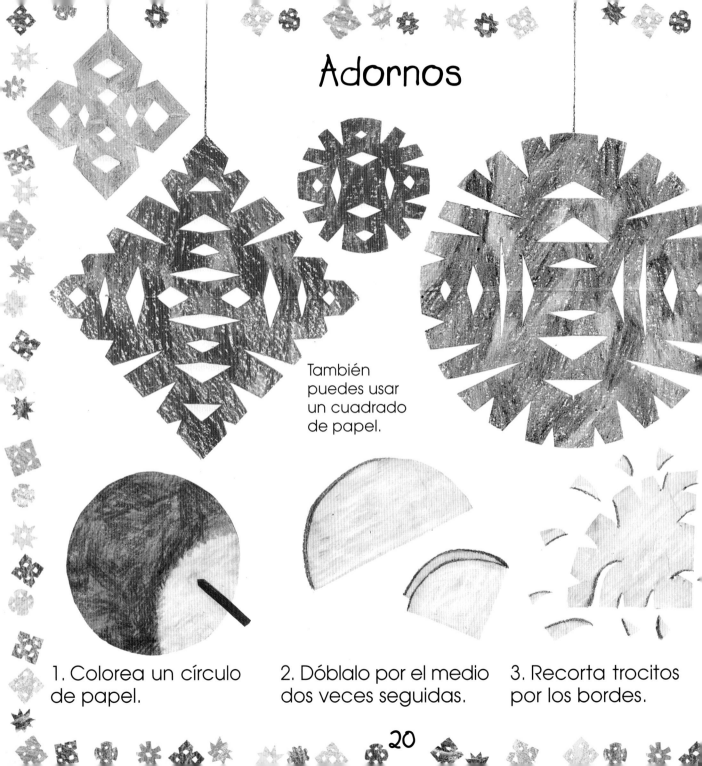

También
puedes usar
un cuadrado
de papel.

1. Colorea un círculo
de papel.

2. Dóblalo por el medio
dos veces seguidas.

3. Recorta trocitos
por los bordes.

20

Desdóblalo.

21

Una oruga

1. Coloca una cera gruesa sobre el papel, como en este dibujo.

2. Aprieta la cera hacia arriba y hacia abajo. Es el cuerpo.

3. Dibuja la cabeza.

4. Haz los ojos y la boca.

5. Ponle un montón de patitas y haz la cola.

Marionetas

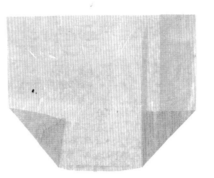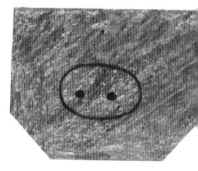

1. Pega la solapa de un sobre alargado. Córtalo en dos.

2. Dobla hacia dentro las esquinas del lado abierto.

3. Dale la vuelta. Colorea la cabeza y dibuja el hocico.

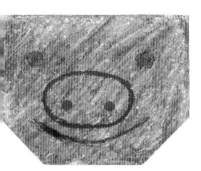

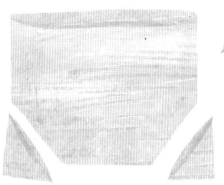

1. Haz los dos ojos y
a boca.

5. Toma la otra mitad
y corta las esquinas
del lado cerrado.

6. Coloréalas y
pégalas a la cabeza
del cerdito.

ara hacer un ratón, pégale
los orejas redondas.

Haz una rana con
ojos grandes.

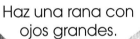

Camiones grandes

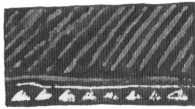

1. Utiliza un sobre o si no recorta un rectángulo.

2. Adórnalo con bandas y dibujos.

3. Píntalo con témpera acuarela. Déjalo seca

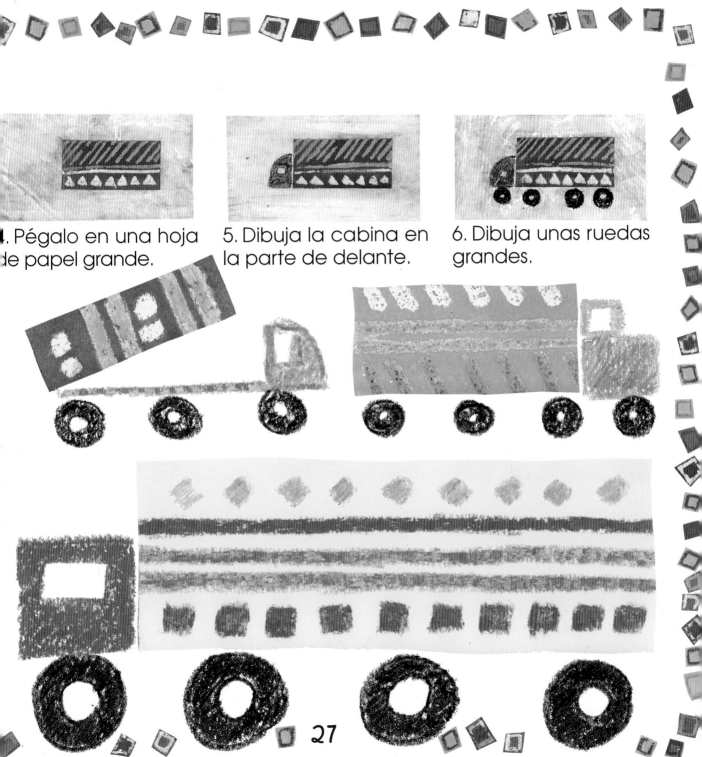

4. Pégalo en una hoja de papel grande.

5. Dibuja la cabina en la parte de delante.

6. Dibuja unas ruedas grandes.

27

Huevos decorados

1. Decora con ceras la cáscara de un huevo duro.

2. Echa unas gotas de colorante alimentario en un cuenco.

3. Coloca el huevo en el cuenco. Con un pincel, cúbrelo de colorante.

4. Sácalo del cuenco, déjalo secar en un trozo de papel de cocina.

Si quieres te puedes comer el huevo.

. Echa un poco de
aceite en un platillo.

. Moja un trozo de
papel de cocina en el
aceite y frota el huevo
con él para que brille.

Una mariposa

1. Dobla por el medio una hoja de papel fino pero fuerte.

2. Corta una tarjeta en trocitos y pégalos muy juntos en una de las mitades de la hoja.

3. Dobla la hoja otra y coloréala por encir con distintos colores.

4. Corta la mitad coloreada de la hoja. Dóblala, y dibuja dos alas de mariposa.

5. Recorta las alas y desdobla la hoja.

6. Dibuja las antenas el cuerpo. Recórtalos y pégalos encima.

Recorta unas
cuantas hojas
en el papel
coloreado
que sobre.

31

Siluetas

1. Pide a un adulto que hunda un molde de galletas en una patata cortada por el medio.

2. Echa un poco de pintura en un trapo viejo o en un periódico.

3. Moja el molde en la pintura y después estámpalo en una hoja de papel.

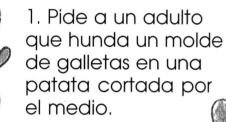

4. Haz más siluetas. Déjalas secar y coloréalas.